TÍTULO ORIGINAL: Al rescate de los pingüinos

Basado en los guiones originales de la serie de Televisión adaptados para esta edición por Teresa Blanch

DIBUJOS ORIGINALES: Gustavo Ariel Rosemffet (Gusti) y Marcelo Rafael Pérez

DISEÑO DE COLECCIÓN Y MAQUETACIÓN: Cristina Terré

FOTOGRAFÍAS: archivo de María Luisa Pujol Canals y archivo Edebé

ILUSTRACIONES DEL ÁREA DE CONOCIMIENTOS: Cristina Picazo

© Grupo Edebé y Tiburón de Animación

© De la edición: Grupo Edebé, 2008

Paseo San Juan Bosco, 62

08017 Barcelona

www.edebe.com

ISBN: 84-236-9315-5

DEPÓSITO LEGAL: B-42149-2008

IMPRESO EN ESPAÑA POR

Gramar, Industria 455 · 08918 Badalona, Barcelona

Al rescate de los pingüinos

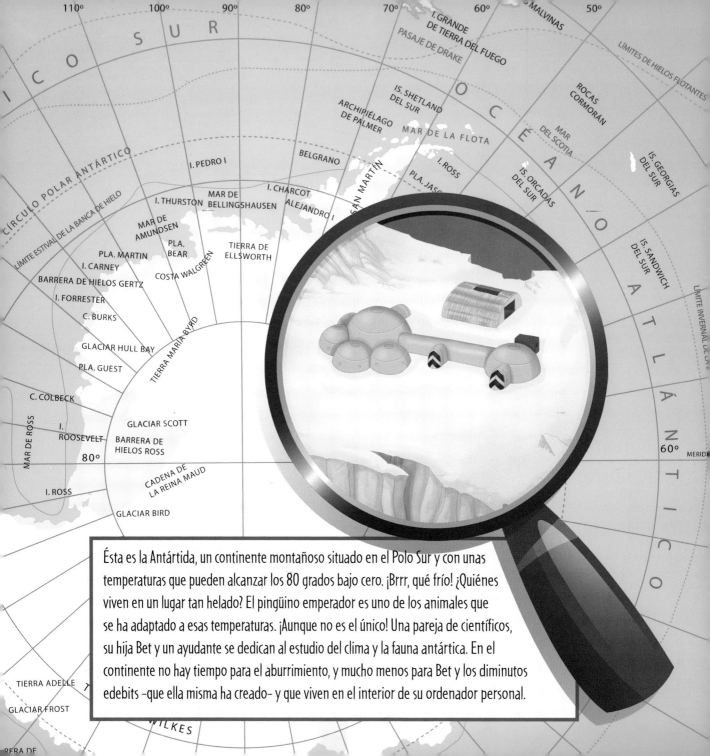

Ésta es la Antártida, un continente montañoso situado en el Polo Sur y con unas temperaturas que pueden alcanzar los 80 grados bajo cero. ¡Brrr, qué frío! ¿Quiénes viven en un lugar tan helado? El pingüino emperador es uno de los animales que se ha adaptado a esas temperaturas. ¡Aunque no es el único! Una pareja de científicos, su hija Bet y un ayudante se dedican al estudio del clima y la fauna antártica. En el continente no hay tiempo para el aburrimiento, y mucho menos para Bet y los diminutos edebits –que ella misma ha creado– y que viven en el interior de su ordenador personal.

Los protagonistas

Bet: Tiene 11 años. Ayuda a sus padres y a Mandi en las tareas de conservación del medio natural. Sus mejores amigos virtuales son los edebits... ¡pero no lo sabe casi nadie!

Mandi: Un experto en ordenadores. Es el mejor amigo de Bet en el mundo real y... ¡conoce su secreto!

Los edebits

Arts:
La artista sensible

Gov:
El gruñón de buen corazón

Net:
La valiente e intrépida

Org:
El bonachón observador

Com:
El despistado y miedoso

El padre y la madre de Bet

Julia y Nil: Julia es bióloga y Nil, geólogo. Su tarea es la investigación y la protección del medio antártico.

La PDA de Bet

Bet jamás sale de la base científica sin su PDA o ayudante personal digital, un ordenador de bolsillo que permite que Bet y los Edebits estén siempre en contacto.

Julia y su hija Bet salieron de la base equipadas con una cámara de fotos para fotografiar la colonia de pingüinos de la Antártida. Julia investigaba los efectos del cambio climático sobre los pingüinos.
Al llegar, se dieron cuenta de que decenas de pingüinos deambulaban con aspecto enfermizo por el hielo, ¡algunos ni siquiera se movían!
—Tendríamos que llevarlos a la base y cuidarlos hasta que mejoren
—propuso Bet.
—La base es pequeña, ¡imposible cuidar a tantos pingüinos! —advirtió Julia—. ¡Vamos al laboratorio! Pero antes tomaré unas cuantas fotos para que Nil y Mandi nos den su opinión.

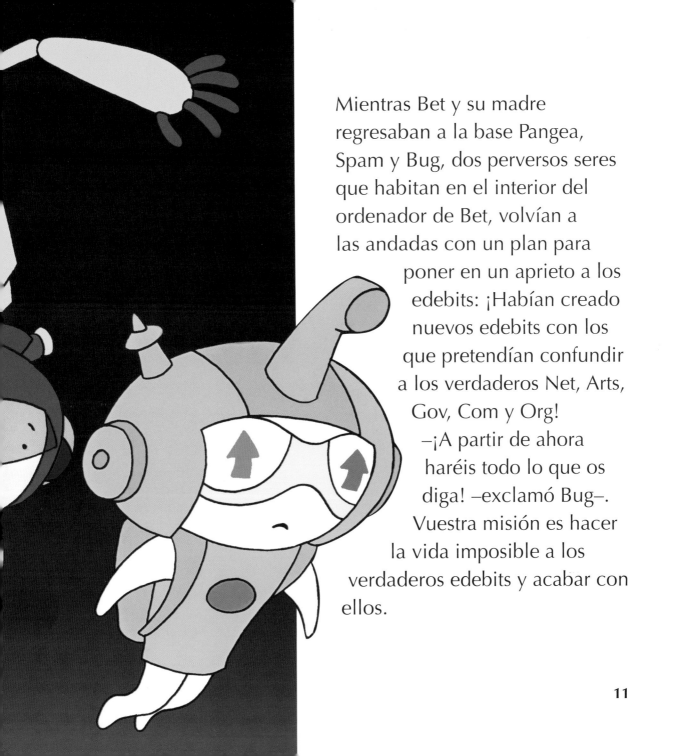

Mientras Bet y su madre regresaban a la base Pangea, Spam y Bug, dos perversos seres que habitan en el interior del ordenador de Bet, volvían a las andadas con un plan para poner en un aprieto a los edebits: ¡Habían creado nuevos edebits con los que pretendían confundir a los verdaderos Net, Arts, Gov, Com y Org!

–¡A partir de ahora haréis todo lo que os diga! –exclamó Bug–. Vuestra misión es hacer la vida imposible a los verdaderos edebits y acabar con ellos.

Una vez en el laboratorio, Julia imprimió todas las instantáneas de los pingüinos sin perder un minuto. Entretanto, Bet se apresuró a buscar a su padre y a Mandi y les contó lo que habían visto.

A medida que miraba las fotos de cerca, Julia se daba cuenta de que los pingüinos perdían el plumaje y se les descamaba la piel.

–¡Fijaos en esta foto! –dijo Mandi observando las imágenes en la pantalla del ordenador–. Donde habitan los pingüinos, se ha desprendido un bloque de hielo y se ha formado un enorme barranco!

–¿Tendrá alguna relación con la enfermedad de los pingüinos?

–No lo sé –dijo Mandi encogiéndose de hombros–. Hay que averiguarlo.

14

Mientras los científicos intentaban hallar las causas del mal de los pingüinos, Bet se dirigió a su habitación y conectó el ordenador. Net, Arts, Gov, Com y Org la saludaron desde el interior de la pantalla.

–Esta mañana hemos descubierto que la colonia de pingüinos padece algún tipo de enfermedad –dijo Bet mirando a los cinco edebits.

–Si no recuerdo mal, en una ocasión encontré una web repleta de información sobre los pingüinos. Quizá diga algo sobre enfermedades y antídotos… –comentó Arts.

–No me separaré de mi PDA por si encontráis algo interesante. Ahora debo irme –dijo Bet mientras se calzaba sus botas de nieve.

Los edebits se sumergieron en Internet en busca de la web que Arts había mencionado. De repente, Com empezó a temblar observando el interior de una pantalla que había frente a ellos.

–Mi…mi…¡mirad! –exclamó asustado.

15

Lentamente, los cinco edebits se acercaron a la pantalla y… ¡lo que vieron los dejó helados y no les gustó nada!

Había decenas de edebits idénticos a ellos revoloteando sin parar en el interior de la web.

–¡Ése de ahí es igualito a mí! –exclamó Gov–. ¡Y ése también! ¡Y aquel!

–No entiendo nada… –advirtió Net con los ojos abiertos de par en par.

–¡Creo que nos han clonado! Alguien se ha encargado de hacer decenas de edebits idénticos a nosotros –afirmó Org.

Net, Arts, Gov, Com y Org se precipitaron al interior de la pantalla.

–Deberíamos permanecer unidos –propuso Gov.

¡Demasiado tarde! Sin darse cuenta, el grupo se había separado y ahora estaban rodeados por montones de clones. ¿Cómo distinguir los edebits falsos de los verdaderos?

–¡Menudo lío! –dijo Gov–. ¿Dónde estáis, chicos?

–¡Aquí! –gritaron todos los edebits.

¡Encontrar a los verdaderos edebits era como buscar una aguja en un pajar!

19

Net se detuvo frente a uno de los numerosos Gov que la rodeaban.

–Echo de menos a mis amigos, ¿te acuerdas de lo bien que lo pasábamos?

Y en ese instante ocurrió algo inesperado; Gov miró fijamente a Net y ¡PLOP!, se transformó en un bit.

Net, convencida de haber dado con una posible solución, se dirigió a otro Gov y le plantó cara.

–¡Oye! ¿Sabes cómo se llama nuestra mejor amiga?

¡PLOP! Otro de aquellos impostores quedó fuera de juego.

–¡Genial! Si les pregunto cosas cuya respuesta sólo conocemos los verdaderos edebits, acabaremos con todos los clones –dijo Net contenta.

De esta forma, Net hizo desaparecer a todos los edebits falsos. ¡Aunque lo mejor de todo era que una vez más habían echado a perder los planes de Spam y Bug!

Mientras, Bet había abandonado la base para acompañar a sus padres y a Mandi a la zona donde habitaban los pingüinos.

–¡Quizá se han resfriado! –propuso Bet a su madre.

–Bet, los pingüinos no se resfrían. Estos animales están adaptados al clima de la Antártida –explicó Julia.

Mandi y Nil las seguían con su moto de nieve.

–¡Mira! El enorme barranco impide que los pingüinos accedan al mar en busca de alimento –aseguró Nil.

Cuando llegaron a la colonia, los pingüinos estaban alicaídos y andaban sin rumbo. Algunas de las crías yacían sobre el hielo, sin que nadie pudiera hacer nada por reanimarlas.

¡Qué catástrofe! ¡Si los pingüinos morían, el equilibrio ecológico estaría en peligro!

Rápidamente, Julia contactó por radio con los guardacostas y los puso sobre aviso.

–Ha habido un desprendimiento de un bloque de hielo. Los pingüinos no pueden saltar al océano en busca de comida y están completamente desnutridos. Cambio.

–Lo que estás contando es muy grave –respondió el capitán guardacostas–. Habría que trasladar a los pingüinos a otro lugar de la costa, de fácil acceso al océano. La pantalla del radar indica que hay un barco muy cerca de donde os encontráis. Le pediré que os ayude. Cambio y corto.

El capitán se dispuso a contactar con el barco.

Sus ocupantes, Morgan y
su ayudante Lou, llevaban
a cabo un maléfico plan.
Su barco, Rita, navegaba
cargado con unos
potentes tubos y unos
enormes contenedores.
–¿Para qué queremos
pescar estos bichitos, jefe?
–dijo Lou observando un
diminuto krill
en la punta de uno de sus dedos.
–¡Inútil! ¡Eso que tienes en
el dedo es el alimento de los
pingüinos! –gritó Morgan
enojado–. Si conseguimos aspirar
grandes cantidades de krill con los
tubos, podremos venderlo a los
zoológicos ¡y nos haremos ricos!

27

Estaban tan acalorados con la discusión, que no oyeron la llamada hasta el cabo de un rato. Fue Morgan quien decidió atender la llamada a regañadientes.

–¿Con quién hablo? Cambio.

–Aquí el guardacostas. ¡Ya era hora! –se oyó que decía la voz del capitán enojado–. Desvíense de su ruta y diríjanse a la costa de inmediato. Tienen que realizar unas tareas de salvamento. ¡Es una orden! Morgan tuvo que obedecer si no quería que los guardacostas se les echasen encima y descubrieran el pastel.

Mandi y Nil embarcaron en el Rita y estaban intentando convencer a los dos tripulantes de que tenían que subir a los pingüinos a bordo y trasladarlos a otra zona.

–¡Ni hablar! Mi barco no acepta pingüinos –gruñó Morgan.

–Es una cuestión de vida o muerte –explicó Mandi–. Hay que lograr que sobrevivan o las consecuencias serán fatales.

–Esos tubos nos servirán para subir a los pingüinos al barco –dijo Mandi desobedeciendo a Morgan.

En la costa, Julia y Bet esperaban frente al barranco. Nil y Mandi se las habían ingeniado para acercar uno de los tubos hasta el escarpado barranco y facilitar así que los pingüinos se deslizaran hasta el interior del barco.

–Introduce a los pingüinos por el tubo y empújalos con suavidad –dijo Julia a Bet.

Bet siguió las instrucciones de su madre y ayudó a los pingüinos a entrar en la boca del tubo. Una vez dentro, los animales se deslizaron como en un tobogán, unos cuantos metros, hasta aterrizar en la cubierta del Rita. A bordo, Nil y Mandi los atendían y procuraban que no se asustasen.

A pesar de que Morgan no dejó de refunfuñar y de entorpecer los planes de Nil y Mandi, la operación fue un éxito.

—¡Creo que éste es el último! —dijo Mandi ayudando a una cría de pingüino.

¡Ahora todos los pingüinos enfermos caminaban a sus anchas por cubierta!

—Estos animales tienen síntomas de malnutrición —aseguró Nil—. ¡Llevan días sin comer!

—Hay que hacer algo —dijo Mandi—. ¡Espera un momento! ¿Se puede saber qué picotean con tanto afán?

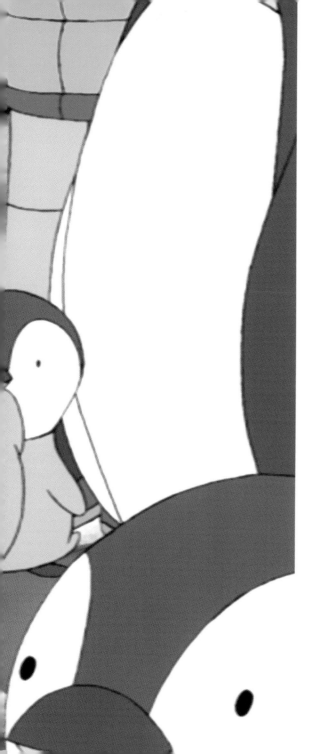

Unas crías de pingüino habían encontrado krill desperdigado por el suelo y se abalanzaban hambrientas sobre los restos. Los demás pingüinos se unieron al grupo y limpiaron la cubierta de krill.

Nil y Mandi vieron que parte del krill se derramaba de un contenedor agujereado y se apresuraron a abrirlo.

–¡Maldita sea, nos han descubierto! –gritó Morgan.

–Da igual, jefe, mira con qué gusto zampan los pingüinos –rió Lou–. ¡Son tan graciosos! Parece que estemos en un zoo.

–¡Es culpa tuya! –refunfuñó Morgan–. ¡Ahora tendré que devolver el krill al mar!

–Tú lo has dicho –dijo Nil.

Los científicos trasladaron la colonia de pingüinos a una zona de fácil acceso al mar. Así, se alimentarían sin problemas y volverían a estar fuertes y sanos. Nil, Mandi, Julia y Bet los observaban de lejos, satisfechos por haberlos salvado.

De regreso a la base, Bet contactó con los edebits y les explicó cómo habían conseguido trasladar a los pingüinos y el banquete que habían tenido a bordo del Rita.

Entonces, los edebits contaron a Bet la aventura con los clones.

–¿Estáis seguros de que entre vosotros no hay algún edebit falso? –bromeó su amiga.

–¡Bip! –asintieron convencidos Arts, Com, Net, Org y Gov.

El cambio climático

¿Sabes cuál es la causa de los desprendimientos de los bloques de hielo en la Antártida? Algunos científicos aseguran que los desprendimientos se producen por culpa del peso del hielo.
Sin embargo, la mayoría de científicos atribuyen tales desprendimientos al cambio climático que sufre el planeta. ¡Pero vayamos por partes!

¡En 1992 se desprendió de la Antártida un enorme bloque de hielo, también llamado iceberg, en el que se hallaban más de treinta científicos que tuvieron que ser rescatados!

¿Qué es el clima?

Es el conjunto de condiciones atmosféricas propias de un lugar o de una zona. En la Tierra hay tres zonas climáticas básicas.

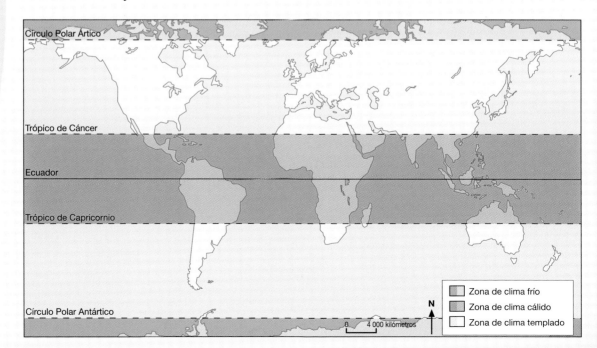

Círculo Polar Ártico

Trópico de Cáncer

Ecuador

Trópico de Capricornio

Círculo Polar Antártico

0   4 000 kilómetros

N

■ Zona de clima frío
■ Zona de clima cálido
□ Zona de clima templado

Cada zona climática tiene paisajes distintos y temperaturas diferentes:

Paisaje polar

Zona de clima frío

Las temperaturas son frías
a lo largo de todo el año.

¡CADA CLIMA
TIENE UNOS ANIMALES Y
PLANTAS CARACTERÍSTICOS!

Selva ecuatorial

Zona de clima cálido

Las temperaturas son
calurosas a lo largo de
todo el año.

Paisaje mediterráneo

Zona de clima templado

Las temperaturas no son muy
extremas, ni muy constantes,
ni muy calurosas.

Cambios de clima

A lo largo de los años, desde que se formó el planeta, el clima de la Tierra ha ido cambiado constantemente. Por ejemplo, hace millones de años existieron períodos muy fríos y otros muy calurosos.

Algunos científicos creen que, en el futuro, la Tierra vivirá otra etapa glacial, en la que grandes capas de hielo cubrirán parte de los continentes. Sin embargo, otros científicos aseguran que, debido a las acciones irresponsables de los humanos y a las políticas inadecuadas relacionadas con el medio, la Tierra se está calentando demasiado produciendo lo que se llama un **calentamiento global.**

EL PROBLEMA ES QUE EL CALENTAMIENTO ES CULPA DE LA ACCIÓN DEL HOMBRE.

¿Qué es lo que hace que la tierra se caliente?

¡Una de las principales causas del calentamiento son los combustibles fósiles! Cuando este tipo de combustibles se queman para obtener energía, se concentran en la atmósfera en forma de gases y provocan cambios de clima. La mayor parte de los gases están provocados por los automóviles, las fábricas, los aires acondicionados…

EL CARBÓN, EL PETRÓLEO Y EL GAS NATURAL SON COMBUSTIBLES FÓSILES.

SI LA TIERRA SE CALENTASE DEMASIADO...

- Habría cambios en la agricultura. Algunos alimentos desaparecerían.
- El nivel del mar subiría por culpa de los deshielos.
- Se producirían catástrofes naturales.
- Haría más calor.
- Las estaciones cambiarían.
- En algunas zonas habría falta de lluvias y poca agua y aumentarían los desiertos.
- Los animales y las plantas tendrían que adaptarse. Hay que tener en cuenta que seguramente a muchos de ellos les será imposible adaptarse, con lo cual desaparecerían.
- Aparecerían nuevas enfermedades.

43

La capa de ozono

ES LA CAPA QUE ENVUELVE NUESTRO PLANETA Y FILTRA LAS RADIACIONES NOCIVAS QUE LLEGAN A LA TIERRA.

Asimismo, la emisión de gases contaminantes desde la Tierra provoca que la capa de ozono se vaya "adelgazando". La disminución de este filtro protector supone una entrada mayor de radiación solar nociva que contribuye también al calentamiento global. El seguimiento de la capa de ozono, llevado a cabo en los últimos años por diversos científicos, ha permitido observar que dicha capa puede considerarse seriamente amenazada.

¡Los polos se derriten!

Otra de las consecuencias del calentamiento global es que el hielo de los polos se derrite. Los científicos se han dado cuenta de que en los últimos años, debido al aumento del calor, se han deshecho los bloques de hielo de las zonas más frías de la Tierra. Como consecuencia, el mar ha subido de nivel, pero durante los próximos años se prevé que el nivel del agua aún suba más.

¡ES IMPORTANTE QUE APRENDAS A AHORRAR ENERGÍA!

Curiosidades del... ¡clima!

- Desde que se formó el planeta, el clima ha cambiado muchísimas veces.

- Hace millones de años, en las regiones polares las temperaturas eran más altas. En cambio, en los desiertos llovía mucho e incluso había lagos. Europa, por ejemplo, estaba cubierta por una extensa capa de hielo.

- Se sabe que, cuando la Tierra estaba habitada por el Homo Erectus, el clima era cálido, parecido al de hoy en día.

- Los científicos que están en la Antártida pueden reconstruir cómo era el clima hace millones de años gracias a los fósiles que encuentran.